Couvertûres supérleure et inférleure
manquantes

CONSIDÉRATIONS

A L'APPUI DU

PROJET D'ÉRECTION DE BELLEVUE

EN COMMUNE SÉPARÉE

CONSIDÉRATIONS

A L'APPUI

DU PROJET D'ÉRECTION

DE LA

PAROISSE DE BELLEVUE

Section de la Commune de Meudon

Canton de Sèvres, arrondissement de Versailles,
Département de Seine-et-Oise,

EN COMMUNE SÉPARÉE

OCTOBRE 1866

PARIS

IMPRIMERIE DE A. GUYOT ET SCRIBE,

IMPASSE DES FILLES DIEU 5.

1866.

CONSIDÉRATIONS

A L'APPUI DU

PROJET D'ÉRECTION

DE LA PAROISSE DE BELLEVUE

EN COMMUNE SÉPARÉE

———⋄———

Un grand nombre de propriétaires et d'habitants de Bellevue, animés d'un égal désir de voir cette section de commune, qui dépend aujourd'hui de Meudon, érigée en commune distincte, ont résolu d'en exprimer le vœu à l'autorité.

Ils ont, en conséquence, chargé quelques-uns d'entre eux de le faire parvenir à l'administration supérieure, et de lui exposer les motifs sur lesquels se fonde l'espoir qu'ils ont de le voir favorablement accueilli.

Considérations préliminaires.

Si Meudon doit son origine au château qui a toujours existé, comme point fortifié ou comme lieu de plaisance, au sommet de la montagne sur laquelle cette commune est assise, Bellevue, création toute moderne, doit la sienne au caprice d'une favorite. La marquise de Pompadour remarqua un jour, en allant de Saint-Cloud à Meudon, l'admirable panorama que, du milieu de la côte, on a sous les yeux : elle voulut avoir là une résidence d'été, et y fit construire le château, si bien nommé, de Bellevue (1).

Il ne devait pas avoir une longue existence : après être rentré dans le domaine par la donation que Mme de Pompadour en avait faite à Louis XV, après avoir servi, jusqu'à la chute de la monarchie, de résidence à ses filles, tantes de Louis XVI, il fut vendu nationalement avec une partie de ses dépendances, et il devint, sous la Restauration (en 1824), la propriété de M. Guillaume, qui en fit l'objet d'une spéculation de vente en détail. On ne laissa subsister du château que les quatre pavillons et la terrasse, et l'on traça dans ses dépendances, les voies de communication, parfaitement entendues d'ailleurs, qui ont été conservées jusqu'à ce jour.

L'existence du château, dont Brimborion était une annexe, avait déjà donné lieu à la création de quelques maisons de campagne assez clairsemées. L'opération de M. Guillaume, sans avoir eu un succès complet, amena cependant la vente d'un certain nombre de lots de terrain sur lesquels ne tardèrent pas à s'élever des habitations. Le côté oriental de la grande avenue, grâce à la vue dont on y jouit, fut bientôt garni de villas; la rue qui en est le prolongement se compléta peu à peu et devint la principale artère de Bellevue, en continuant de servir de trait d'union entre la route qui descend à Sèvres et l'avenue qui aboutit au château de Meudon.

Mais ce qui changea complétement l'aspect, et, nous pouvons même dire, la destinée de Bellevue, ce qui centupla son importance, ce qui en fit une des localités les plus re-

___

(1) Louis XV y coucha pour la première fois le 24 novembre 1750, et trois ans après on y joua le *Devin de Village*. (*Hist. de Meudon*, par le docteur Eugène Robert, p. 86.)

cherchées des environs de Paris, ce fut l'établissement du chemin de fer de la rive gauche (1).

Par un concours de circonstances des plus heureux, alors que toutes les autres stations, entre Paris et Versailles, se trouvent plus ou moins éloignées des centres d'habitation qu'elles sont appelées à desservir, le chemin de fer de Paris à Versailles traverse en propres termes Bellevue de l'est à l'ouest, dans une direction parallèle à la Grande-Rue, qu'il laisse à sa droite, et en coupant à angles droits toutes ses voies transversales, en sorte que toutes ces voies sont comme des affluents qui mettent le pays tout entier en communication directe avec le chemin de fer et sa gare, disposition des plus commodes pour la généralité des habitants (2).

Ce chemin d'ailleurs rend les communications avec Paris tellement faciles, qu'il faut moins de temps pour y aller ou pour en venir, que pour franchir, dans l'intérieur de Paris, une distance infiniment moindre.

Enfin, à Bellevue, non-seulement on est à une demi-

(1) « Aucun endroit des environs de Paris, à deux lieues à la ronde, n'offre aujourd'hui autant d'agréments que celui-ci. Quelques minutes après avoir quitté la capitale, on se trouve tout transporté au milieu d'un séjour aussi agreste que riant, d'où l'on jouit d'une des vues les plus étendues et les plus variées qui existent au monde. » (*Histoire de Meudon*, p. 87.)

(2) Ces voies, ou du moins les principales, sont : 1° dans le sens longitudinal, c'est-à-dire parallèle au chemin de fer, la rue de la Terrasse, la Grande-Rue, la rue du Chemin-de-Fer, le chemin de fer lui-même, la rue du Bassin et la rue du Bel-Air ; 2° dans le sens transversal, c'est-à-dire coupant le chemin de fer : le Pavé-des-Gardes, l'avenue de Meudon, la rue des Potagers, la rue de Vélisy, l'avenue Mélanie, la rue du Cerf et la rue Emile. La rue des Capucins, parallèle à l'avenue de Meudon, tombe dans la rue dite Pavé-des-Gardes, mais ne la traverse pas. La rue des Potagers perd son nom à la rue du Bassin pour prendre celui de rue des Bois. Cette rue des Potagers ou des Bois et la rue dite Pavé-des-Gardes, qui convergent l'une vers l'autre, finissent par se rencontrer et se confondre à l'extrémité de Bellevue, du côté de Chaville, au sommet du triangle que forme l'ancienne propriété du prince Jérôme-Napoléon, appartenant aujourd'hui à M. Hulot, graveur de la monnaie.

heure du siége de ses affaires, mais cette station, vraiment privilégiée, a sur toutes les autres l'avantage qu'on est chez soi quand on est à la gare, chacun ayant pour ainsi dire le chemin à sa porte. Aussi, indépendamment des habitants à demeure fixe, la population mouvante de Bellevue se compose-t-elle, en majeure partie, pendant l'été, de magistrats, de notaires, d'avocats, d'avoués, de médecins, de professeurs, de négociants, enfin d'hommes occupés de Paris, qui arrivent chaque jour par le convoi de six ou sept heures du soir, pour repartir le lendemain par celui de sept heures du matin. Plusieurs même de ceux-ci, suivant l'usage anglais, y passent l'hiver pour ne se rendre à Paris que quand leurs affaires les y appellent.

Telle est l'agglomération déjà considérable, et qui le devient tous les jours davantage, dont ceux qui en font partie désirent obtenir l'érection en commune au moyen de sa séparation administrative d'avec la commune de Meudon.

Ce n'est certainement pas pour cause d'incompatibilité d'humeur que cette espèce de divorce pourrait être demandé ; car les habitants de Bellevue vivent avec ceux de Meudon dans la plus parfaite intelligence. Toutefois il est vrai de dire que ces deux localités, bien qu'issues l'une de l'autre, offrent, si l'on peut s'exprimer ainsi, une physionomie toute différente.

Meudon, quelles que puissent être d'ailleurs ses prétentions, n'est pas autre chose qu'une simple commune rurale. Abstraction faite de son château et de quelques maisons de campagne plus ou moins luxueuses, il se compose d'une suite de constructions étagées qui semblent entassées les unes sur les autres, et dont l'apparence ne diffère pas sensiblement de celle des autres villages. Meudon, de plus, assis sur les flancs d'une montagne escarpée, n'offre, de cha-

que côté de sa rue principale, que des voies irrégulières et
abruptes, où la circulation est non-seulement incommode,
mais difficile et même dangereuse. Quelques efforts que
l'on fasse, il se passera bien du temps avant qu'on ait pu re-
médier à ce vice originel, résultat de la nécessité où se sont
trouvés les premiers habitants de se placer sous la protec-
tion du château. Cette rue principale elle-même, bien qu'on
lui ait donné le nom de rue des Princes, n'en est pas moins
une rue longue, étroite, tortueuse et bordée d'habitations
irrégulièrement disposées.

Sans doute Meudon, qu'il s'appelle ville ou village, possède une population des plus intéressantes et des plus re-
commandables : c'est une population de travailleurs. Plusieurs industries importantes y sont installées et y prospèrent ; les habitants sont, en général, des cultivateurs, des
vignerons, des maraîchers, des blanchisseurs, etc. Mais
cette population et celle de Bellevue sont aussi dissembla-
bles que Meudon et Bellevue le sont eux-mêmes.

Bellevue, dont les rues, tirées au cordeau, sont peut-être
encore quelques-unes des anciennes allées du parc aujour-
d'hui détruit, ne se compose, on pourrait le dire, que de
maisons de campagne : c'est une réunion de villas autour
desquelles se sont seulement groupées les différentes industries qui s'établissent naturellement là où vient à se former
un centre de population d'une certaine importance, là où,
d'ailleurs, une nombreuse immigration parisienne vient,
tous les étés, apporter, avec les habitudes du luxe et du
confortable, une aisance dont le pays entier profite. Aussi
trouve-t-on à Bellevue non-seulement des architectes, des
entrepreneurs de maçonnerie, de serrurerie, de menuiserie, de peinture ; non-seulement toutes les industries qui se
rapportent à l'alimentation, boulangers, bouchers, pâtis-
siers, etc., mais même une poissonnerie et jusqu'à un gla-
cier ! Enfin, indépendamment de l'établissement hydrothé-

rapique, il y existe un établissement de bains, qui transporte même des bains à domicile. Aussi, tout en y jouissant des avantages d'une situation champêtre des plus agréables, peut-on encore s'y croire à Paris.

Sous tous ces rapports, Bellevue peut se passer de Meudon, comme Meudon, cela va sans dire, peut se passer de Bellevue, puisque Bellevue vit déjà de sa vie propre, et constitue dès à présent une individualité distincte. Il y aurait donc convenance, en élevant Bellevue au rang de commune, à consommer légalement une séparation qui existe déjà par la seule force des choses.

Il reste à examiner maintenant si la section de Bellevue, soit par sa position topographique, soit par le nombre de ses habitants, soit enfin par les ressources budgétaires qu'elle présente, satisferait aux nécessités de l'existence communale, si, en d'autres termes, elle se trouve dans les conditions dont l'administration exige la réunion avant d'accéder au vœu qui lui est exprimé de l'érection d'une section de commune en commune distincte.

Nous allons donc nous occuper successivement :

1° Du territoire, c'est-à-dire de la délimitation de la future commune ;

2° De la population, c'est-à-dire du nombre d'habitants dont elle se composerait ;

3° Des besoins que cette population éprouverait et auxquels il faudrait donner satisfaction, ce qui comprend : — le culte ; — les écoles ; — le cimetière ;

4° Enfin du budget communal, c'est-à-dire des dépenses qu'aurait à supporter la future commune, et des recettes au moyen desquelles elle y pourvoirait. Nous aurons ainsi, ce semble, embrassé toutes les conditions de l'existence communale, et, si nous n'avons pas résolu le problème, nous aurons du moins montré qu'il n'est pas insoluble, et indiqué les moyens de le résoudre.

§ Ier. — **Territoire. — Délimitation.**

Nous avons dit les avantages de Bellevue comme station du chemin de fer de la rive gauche, et comme situé entre Sèvres et Meudon, plus loin toutefois de Meudon que de Sèvres. Nous devons ajouter ici que si, d'un côté, la situation de Bellevue, par rapport au centre de l'administration communale, réclame impérieusement sa séparation administrative d'avec Meudon, elle s'y prête, d'un autre côté, on ne peut mieux.

Elle la réclame parce qu'à la distance où Meudon est de Bellevue, il est désagréable et même pénible d'être obligé de s'y transporter, chaque fois qu'on a un acte de l'état civil à faire dresser. Elle s'y prête parce que Bellevue, dès à présent, constitue un centre de population entièrement distinct du groupe meudonnais.

Et d'abord, c'est un véritable voyage que d'aller de Bellevue à Meudon, voyage plus long et plus difficile que celui de Paris. Entre les deux localités se trouvent des champs et des vignobles sur lesquels il n'existe qu'un petit nombre d'habitations clairsemées. Même en prenant le chemin de fer, on a encore, de la station à la maison commune, une grande distance à parcourir, et, pour s'y rendre à pied ou en voiture, il faut soit remonter l'avenue jusqu'au château pour redescendre à Meudon par un chemin des plus abruptes, soit prendre à travers champs la route qui longe le chemin de fer et aboutit à peu près à l'origine de la rue des Princes, routes aussi peu commodes l'une que l'autre. Donc, les habitants auraient un avantage évident à ce que leur Mairie se trouvât au centre du pays.

D'un autre côté, ce qui est inconvénient dans le cas d'une commune unique, devient avantage dans l'hypothèse du dédoublement; car, si les territoires respectifs de Meudon et de Bellevue sont, comme on vient de le voir, entièrement distincts, la division en sera d'autant plus facile, qu'elle se trouve déjà, pour ainsi dire, toute faite. Aussi Bellevue a-t-il déjà une foire qui se tient à une autre époque que celle de Meudon; une station de chemin de fer particulière, tant les deux localités sont distinctes! Et, tout récemment encore, il a fallu que Bellevue se pourvût d'une pompe à incendie; car, à la distance où il est du chef-lieu de la commune, il pourrait brûler tout entier avant que la pompe de Meudon arrivât à son secours.

Ainsi, les deux localités, par suite même de la constitution topographique du pays, sont assez éloignées l'une de l'autre, pour qu'il ait fallu déjà donner à Bellevue quelques-uns des attributs, apanage ordinaire du chef-lieu communal. On peut même rappeler ici un souvenir présent encore à la mémoire des habitants : à l'époque de l'un des derniers renouvellements du conseil municipal, il avait été question de la délégation à l'un des adjoints de Meudon, domicilié à Bellevue, d'une partie des pouvoirs du maire pour les exercer dans la circonscription de Bellevue. Nous ignorons pour quels motifs il ne fut pas donné suite à ce projet.

Mais il s'est produit, il y a quelques années, un fait considérable qui a été comme un premier pas, mais un pas décisif vers l'érection de Bellevue en commune. Nous voulons parler de la conversion de la chapelle vicariale en paroisse.

Ce qui témoigne en faveur de la moralité de notre siècle, c'est que là où se trouve une certaine agrégation d'hommes, le premier besoin qu'ils éprouvent est celui de la prière en commun. C'est ce qu'on a vu aussi se manifester à Bellevue, et avec d'autant plus d'intensité même, que l'église de Meu-

don en est plus éloignée. Aussi, après avoir d'abord obtenu
que l'office divin fût quelquefois célébré dans un petit ora-
toire, devenu bientôt, grâce à la rapide augmentation de la
population, tout-à-fait insuffisant, a-t-on dû songer à l'érection d'une chapelle qui a été presque entièrement construite
avec le produit de souscriptions volontaires; puis, cette
chapelle ayant été érigée en chapelle vicariale, l'un des
vicaires de M. le curé de Meudon y fut spécialement attaché.

On sait que, dans l'organisation du culte catholique, ces
chapelles vicariales n'ont pour ainsi dire qu'une compétence
restreinte : elles ont pour but de mettre la célébration du
saint sacrifice à la portée de ceux qui ne peuvent se
rendre à la messe paroissiale; mais on n'y fait ni baptêmes,
ni mariages, ni cérémonies funèbres. Cet état de choses,
grâce aux distances, entraînait donc pour les relations reli-
gieuses les mêmes inconvénients qui existent, comme on
l'a vu, pour les relations civiles.

Aussi les habitants de Bellevue demandèrent-ils que leur
chapelle fût érigée en paroisse, et, grâce au don généreux
qui fut fait à la future paroisse, d'une maison pour servir
de presbytère, ce vœu put être exaucé, et un décret impérial du 2 août 1858 créa la paroisse de Bellevue et en dé-
termina la circonscription. Ce fut aux efforts et à l'insis-
tance de l'honorable et regrettable M. Boudin de Vesvres
qu'on dut l'obtention de ce décret.

Ce fut lui encore qui, lorsque le besoin se fit sentir d'aug-
menter l'église, devenue église paroissiale, obtint le décret
du 25 mai 1861, qui autorisa la fabrique à emprunter
30,000 fr. à cet effet, mesure à laquelle l'administration
municipale de Meudon fit alors une vive et regrettable
opposition. Et pourtant ce fut avec les ressources de la
paroisse et sans la moindre subvention municipale que les
travaux d'agrandissement furent exécutés. Toutefois l'administration supérieure accorda un secours de 7,000 fr. qui

figure, en recette et en dépense, dàns les comptes, pour 1863, de la commune de Meudon.

Ainsi, Bellevue est déjà, pour le culte, entièrement séparé de Meudon : le territoire de Bellevue forme une paroisse dont la circonscription, déterminée par le décret du 2 août 1858, comprend non-seulement l'agglomération bellevusienne, proprement dite, mais encore les agglomérations moins considérables du *Bas-Meudon,* des *Montalais* et des *Capucins.*

La circonscription paroissiale pourrait à toute force suffire à la circonscription communale. Toutefois, comme nous l'expliquerons plus tard, la nécessité de trouver un emplacement convenable pour le cimetière sur le territoire de la future commune, rendrait extrêmement désirable une rectification de limites du côté de Sèvres, rectification d'autant plus facile que Sevres a un territoire très-étendu, tandis que Bellevue, dans sa circonscription paroissiale actuelle, ne comporte pas plus de 135 hectares. Nous indiquerons, en traitant la question du cimetière, quelles limites on pourrait, du côté de Sèvres, donner à la nouvelle commune.

Tout ce que nous voulions établir ici, et nous croyons l'avoir fait, c'est que la séparation de Bellevue d'avec Meudon est d'autant plus facile à réaliser qu'elle existe déjà en fait, par suite et de la disposition naturelle des lieux, et de l'éloignement des deux centres d'habitation, et de la difficulté des communications entre l'un et l'autre; par suite aussi des habitudes locales que cette situation topographique a fait contracter ; par suite, enfin, de l'érection de Bellevue en paroisse, érection qui a fait établir, entre Bellevue et Meudon, une délimitation qui pourrait déjà servir de base à la délimitation communale.

§ II. — **Population**.

L'élément territorial n'est pas le seul dont il faille tenir compte lorsqu'il s'agit de créer une commune; il faut tenir compte aussi de la population. De grands espaces sans habitants, ou peuplés seulement de quelques colons clairsemés, ne suffiraient pas pour constituer une commune : on n'y trouverait les éléments ni d'un conseil, ni d'une administration. Quand ce cas se présente, la loi fournit un remède facile, en autorisant la réunion de deux communes en une seule. Dans le cas, au contraire, où il s'est formé, dans la même circonscription communale, deux groupes distincts d'habitations d'une importance à peu près égale, c'est le remède contraire que l'on applique : au lieu de réunir, on divise. (Loi du 18 juillet 1837, titre Ier.)

Le nombre d'habitants nécessaire pour constituer une commune n'a rien d'absolu; il faut seulement qu'on y puisse trouver les éléments d'un personnel administratif, c'est-à-dire un nombre suffisant d'hommes capables et dignes soit de faire partie du conseil municipal, soit d'être appelés à diriger les affaires communales. C'est ce qu'on est toujours sûr de rencontrer dans les communes qui avoisinent les grandes villes, et notamment dans celles qui environnent Paris; c'est ce qu'on trouve dans la population intelligente et laborieuse du Meudon actuel, et ce qu'on trouverait aussi dans chacune des deux parties de cette population désagrégée.

La population entière de la commune actuelle de Meudon, y compris par conséquent les habitants domiciliés dans la circonscription paroissiale de Bellevue, est de 5,150 à 5,200 habitants, chiffre qui comprend ceux de Fleury, du Val et des Moulineaux, qui font partie de la paroisse de Meudon, et ceux du Bas-Meudon, des Montalais et des Capucins, qui font partie de celle de Bellevue. Mais pour ces différentes localités, et surtout pour Meudon et pour Bellevue, proprement dits, il faut tenir compte non-seulement de la population fixe, qui y passe l'année entière, mais aussi de la population adventice, qui vient y passer la belle saison. Cette observation a surtout une grande importance pour Bellevue.

Si la population entière de Meudon est de cinq mille deux cents habitants, Bellevue entre dans ce chiffre au moins pour le tiers, c'est-à-dire pour dix-sept à dix-huit cents, qui pendant l'été s'élèvent au double, c'est-à-dire à trois mille cinq ou six cents. Il faut même dire qu'un grand nombre de ceux qui ne passent que l'été à Bellevue y sont propriétaires, et pourraient dès lors, à bon droit, être comptés parmi les habitants sédentaires; et ce qui confirme cette évaluation, c'est que Bellevue et ses annexes envoient au conseil municipal de Meudon le tiers de ses membres, huit sur vingt-trois. Il y a bien des communes en France qui ne comptent pas un pareil nombre d'habitants.

§ III. — Culte. — Écoles. — Cimetière.

Les premiers besoins d'une population agglomérée, auxquels on doit tout d'abord donner satisfaction, sont ceux du culte, de l'instruction des enfants et de l'asile des morts. Après avoir parlé du territoire et des habitants, nous avons donc à nous occuper maintenant : 1° de l'Église et du Presbytère; 2° des Écoles; 3° du Cimetière.

1° *Église et Presbytère.*

En parlant de la division territoriale et des limites de la future commune, nous avons déjà été amenés à faire connaître l'existence de la paroisse de Bellevue, dont la circonscription a été déterminée par le décret du 2 août 1858. Sous le rapport du culte, l'érection de Bellevue en commune ne nécessiterait donc aucune modification à ce qui existe, et l'église actuelle, située au centre de la paroisse, se trouverait par cela même au centre de la commune. Nous rappellerons seulement ici que l'église de Bellevue, construite avec le produit de souscriptions volontaires, a été, après son érection en paroisse, augmentée avec les seules ressources paroissiales, sauf l'allocation de 7,000 fr. obtenue de l'administration des cultes. La commune de Meudon, qui n'avait contribué que pour bien peu de chose à la dépense de l'édifice primitif, n'a contribué en rien à celle des augmentations qui y ont été faites (1).

Et non-seulement Bellevue a une église, mais il a un presbytère. Bellevue ne pouvait obtenir son érection en paroisse qu'à la condition d'assurer le logement du ministre du culte. Cette condition a été remplie, grâce à la générosité d'un de ses plus honorables habitants, qui a fait don à cet effet d'une maison située dans l'avenue du Château, précisément vis-à-vis l'église, et qui s'est ainsi acquis des droits à l'éternelle reconnaissance de ses concitoyens. En ce qui concerne l'église et le presbytère, les obligations qui incomberaient à la commune, aux termes

---

(1) Meudon avait donné 2,000 fr. pour la construction primitive; on a subvenu aux dépenses de l'agrandissement au moyen d'un emprunt, fait par la fabrique, de 30,000 fr. fournis par trente habitants de Bellevue. — Tout récemment une somme de 3 à 4,000 fr. vient encore d'être donnée pour le remplacement de la cloche qui existe par une cloche plus convenable.

2

du décret du 31 décembre 1809, se trouvent donc remplies à l'avance.

Ajoutons qu'il existe même à Bellevue un temple protestant ; car plusieurs familles distinguées (1) appartenant au culte réformé y possèdent des propriétés importantes, et c'est même au chef de l'une de ces familles (2) que l'on doit l'édifice consacré à la célébration du culte.

Les besoins du culte sont donc déjà pleinement satisfaits à Bellevue ; nous n'en avons parlé que pour mémoire.

2°. — *Écoles.*

Il en est de même en ce qui concerne l'instruction des enfants : Bellevue a des écoles pour les garçons et pour les filles, et c'est ici le lieu d'expliquer comment ces écoles ont été créées ; ce sera tout à la fois la preuve de l'insuffisance absolue des secours que Bellevue peut attendre de Meudon, et en même temps des ressources considérables qu'il trouve dans la libéralité de ses habitants.

Bellevue n'a eu longtemps qu'une école laïque de tout point insuffisante : le local où elle était installée ne permettait d'y admettre qu'une vingtaine d'enfants (3).

Mais il y avait au Bas-Meudon une école dirigée par les Sœurs, où il en était reçu et instruit un beaucoup plus grand nombre. Cette école, qu'entretenait la charité publique, fut fermée en 1863.

Ce fut alors qu'une Société se forma sous le titre de *Société des Écoles de Bellevue,* fit l'acquisition de terrains environnant la *Chapelle des Flammes,* et y fit construire des

(1) Les familles Odier, Hagerman, Renouard de Bussières, Dufour, Luer, Joly, Gallay et autres.

(2) Mme veuve Hagerman.

(3) Nous puisons ces renseignements dans une lettre imprimée de M. le comte de Madre, président du Conseil d'administration de la Société des Écoles de Bellevue, portant la date du 15 juillet 1866.

écoles pour les garçons et les filles. 120,000 francs ont été dépensés pour cette œuvre éminemment utile et morale. Nous lisons dans une note imprimée, portant la signature de l'honorable trésorier de l'OEuvre, que ces écoles, spacieuses et commodes, comptaient, au 1er juillet 1866, 243 enfants, savoir :

Garçons (2 classes). . . .	70
Filles.	58
Asile.	101
Ouvroir	14
Total. . . .	243

Indépendamment du capital employé à la création des écoles et fourni entièrement par de généreux donateurs, dont quelques-uns ont versé des sommes considérables, les dépenses annuelles sont couvertes par des souscriptions volontaires, qui se sont élevées, pour l'année scolaire du 1er juillet 1865 au 30 juin 1866, à 4,816 fr. 90 c., somme dans laquelle la commune de Meudon n'entre que pour une subvention de 200 fr. Combien une pareille allocation serait insuffisante, en y ajoutant même les 800 fr. portés au budget pour rétribution et indemnité de logement, soit aux Sœurs du Bas-Meudon, soit à l'institutrice de Bellevue, si l'intelligente et libérale initiative des habitants ne venait pas suppléer à cette insignifiante assistance! Aussi Bellevue peut-il répéter avec un légitime orgueil ces paroles que nous empruntons à la lettre précitée de M. le comte de Madre : « Si la commune de Meudon avait pu créer avec les res- « sources de son budget des écoles suffisantes pour y rece- « voir et instruire les 240 enfants que nous y recevons et « instruisons, nous n'aurions pas eu à faire, de nos deniers « personnels, le versement d'une somme de 120,000 fr. (1),

(1) Exactement : 105,000 fr., plus 15,000 fr. empruntés au Crédit foncier.

« et la section de commune de Bellevue n'aurait pas à four-
« nir chaque année, en dehors de ce capital, une somme
« annuelle de près de 5,000 francs. »

Des développements qui précèdent il résulte que Bellevue est déjà doté, par la munificence de ses habitants, d'écoles qui prospèrent, et que leurs fondateurs sont bien éloi-
gnés de vouloir abandonner : ceux qui les ont créées les
soutiendront. Il était plus difficile de trouver un capital de
120,000 francs qu'il ne l'est de trouver annuellement les
5,000 francs environ que coûte leur entretien.

Avec la certitude que cette œuvre ne saurait périr, il ne
reste à la charge de la future commune que l'entretien de
l'école laïque. Bellevue a des écoles et n'a pas besoin d'en
créer.

3°. — *Cimetière.*

L'affaire du cimetière ne laisse pas que d'offrir assez de
difficultés.

Il est évident que, Bellevue une fois séparé de Meudon,
le cimetière de Meudon cessera d'être le cimetière de Bellevue, qui devra avoir le sien.

Mais l'établissement d'un cimetière est soumis par la loi
(décr. du 23 prairial an XII) à des conditions assez rigou-
reuses et dont l'accomplissement est d'autant plus difficile,
que le territoire de la commune est plus restreint. Or, la
surface actuelle de la paroisse de Bellevue n'excède pas 135
hectares. De plus, l'établissement d'un cimetière assujettit
les propriétés voisines à des servitudes assez gênantes,
puisque, aux termes du décret du 7 mars 1808, on ne peut,
sans autorisation, élever aucune habitation ni creuser aucun puits à moins de 100 mètres des cimetières.

Il ne saurait certainement y avoir là une difficulté inso-

luble, et voici comment on pourrait, ce semble, faciliter à
la nouvelle commune le moyen d'avoir un cimetière.

Quand on a découpé la paroisse de Bellevue dans celle de
Meudon, on s'est naturellement renfermé dans les limites
de celle-ci, c'est-à-dire dans les limites de la commune elle-
même, et l'autorité supérieure n'a eu, pour l'érection de
Bellevue en paroisse, qu'à user du droit de créer des cures
et succursales qu'elle tient de l'art. 62, tit. iv des articles
organiques du Concordat du 26 messidor an IX, lesquels
font avec ce Concordat partie intégrante de la loi du 18 ger-
minal an X. Comme on ne sortait ainsi ni de la circonscription paroissiale, ni de la circonscription communale, le re-
cours au pouvoir législatif n'était point nécessaire.

Il en est, ou du moins il peut en être autrement aujour-
d'hui. D'abord, en effet, les conseils généraux de département
ment et les conseils d'arrondissement sont appelés à donner leur avis sur les changements à la circonscription des
communes (loi du 10 mai 1838, art. 6 et 41); ensuite, dans
le plus grand nombre des cas du moins, c'est par une loi
seulement qu'une section de commune peut être érigée en
commune séparée (loi du 18 juillet 1837, art. 3 et 4). Toutefois, comme, de quelque manière qu'on vienne à constituer le territoire communal, on n'aura point à sortir des
limites du canton de Sèvres, un décret impérial pourrait
suffire, si le Conseil municipal, délibérant avec les plus im-
posés en nombre égal à celui de ses membres (même
loi, art. 2 et 4), émettait un avis favorable. Dans tous les
cas, il faut que, soit le décret, soit la loi qui interviendra,
attribue à la future commune un territoire tel, qu'elle y
puisse trouver tout ce qui est nécessaire aux exigences de
la vie communale.

Or, en admettant que, du côté de Meudon, Bellevue reste

délimité tel qu'il l'a été par le décret d'érection de la paroisse (1), il serait possible et convenable de lui donner, du côté opposé, du côté de Sèvres, des limites nouvelles.

Sèvres, qui est le chef-lieu du canton, et dont le territoire est considérable, n'a, du côté de Bellevue, qu'un petit nombre d'habitations fort éloignées du centre communal. Ce territoire ne comprend d'ailleurs, dans les points où il confine à celui de la commune actuelle de Meudon, que des bois qui, sous les noms de *Bruyères* et de *Garenne de Sèvres*, font réellement partie des bois de Meudon. Mais, comme ils sont à droite du Pavé-des-Gardes, qui, après avoir traversé tout Bellevue, sert de limite entre Meudon et Sèvres, ils appartiennent à la commune de Sèvres.

Bellevue est, en effet, limité aujourd'hui à l'est (côté de Paris) par Issy et les Moulineaux ; — au midi (côté de Meudon) par une ligne qui coupe la grande avenue du château, à peu près à son milieu, à la hauteur de la rue Obeuf ; — à l'ouest (côté de Sèvres et de Versailles) par le Pavé-des-Gardes et la rue Émile ; — et au nord, enfin, (côté de la rivière) par le cours même de la Seine.

Eh bien ! il serait facile de détacher des espaces immenses compris entre le Pavé-des-Gardes et la route descendant à Sèvres, une partie de territoire qui donnerait à la future commune un complément nécessaire. On pourrait, par exemple, faire descendre du côté de Sèvres sa limite jusqu'à la route, au-dessous de la rue Émile, qui aboutit, comme elle, à la route de Sèvres ; et alors, en partant toujours de la route de Sèvres, mais en englobant la propriété de M. Amédée Pichot et celles qui bordent les deux côtés du roidillon récemment élargi, la limite suivrait ce qu'on appelle *la Voie Creuse,* puis le chemin des Bruyères ou de la Reine, jusqu'à

---

(1) On devrait cependant, de ce côté, demander une légère rectification de limites pour réparer une erreur du plan paroissial.

la rencontre d'un autre chemin dont le prolongement aboutit, dans les Bruyères de Sèvres, au Pavé-des-Gardes qui
les longe. Cette limite engloberait la propriété du docteur
Delpech, se dirigerait vers le pont du chemin de fer, le
traverserait, et, prenant la route qui y fait suite, donnerait
à Bellevue la partie gauche, où se trouve la propriété de
M. Renouard de Bussières, et laisserait à Sèvres la partie
droite, où se trouve la propriété de M. Loubat, ainsi que
celle de M. Hortus.

Le territoire de Bellevue se trouverait ainsi augmenté d'un
triangle ayant pour base la ligne qui lui sert aujourd'hui de
limite, et pour côtés le Pavé-des-Gardes et le chemin ci-dessus désigné, qui vont se rencontrer, en formant un angle
aigu, à l'étoile d'où part le chemin qui conduit à l'étang des
Fonceaux.

Nous ne pensons pas que l'annexion à Bellevue de ce territoire peu considérable, pris sur le vaste territoire de Sèvres, puisse offrir de sérieuses difficultés. La commune de
Meudon d'abord est désintéressée dans la question ; on ne
lui prend rien de plus que ce qui en a été détaché pour former la paroisse de Bellevue. Ensuite, la commune de Sèvres
ne doit pas attacher d'importance à conserver dans sa circonscription un territoire où ne se trouvent que quelques
habitations isolées et fort éloignées du centre de la commune. Enfin, la liste civile tient fort peu sans doute à ce que
ses bois appartiennent à une commune ou à une autre.

Une fois le territoire ci-dessus délimité annexé à la future commune de Bellevue, il ne restera plus qu'à solliciter
de l'administration de la liste civile la concession, par voie
d'échange ou par toute autre, d'un terrain dans la partie
des bois de la couronne comprise dans les nouvelles limites, pour y établir le cimetière de Bellevue, terrain qui
répondrait, par sa situation et par son éloignement des ha-

bitations, à toutes les exigences des décrets du 27 prairial an XII et du 7 mars 1808. La nouvelle commune n'aurait alors à supporter que les frais de construction des murs dont les cimetières doivent être entourés. Dùt-elle, au surplus, acheter le terrain, ce ne serait encore là qu'une dépense peu considérable.

Nous ne parlons pas ici de la Mairie qui serait parfaitement installée dans la maison, en face de l'église, appartenant à M. Dorliat. Mais nous ferons figurer le loyer de cette maison dans le budget des dépenses communales, et nous ferons connaître les arrangements que M. Dorliat serait disposé à prendre pour en faciliter l'acquisition.

§ IV. — **Budget.**

Nous avons parlé d'abord du territoire, puis de la population qui l'occupe, enfin des premiers besoins auxquels il devra être donné satisfaction, à savoir : le culte ; — l'instruction des enfants ; — l'asile des morts. Nous avons indiqué comment il avait déjà été pourvu aux deux premières de ces nécessités sociales, soit au moyen de l'érection de Bellevue en paroisse, soit par les généreux sacrifices des habitants eux-mêmes, et comment il pouvait être pourvu à la troisième au moyen d'une légère extension de territoire.

Ces bases une fois posées, il nous reste, en supposant Bellevue érigé en commune, à voir quelles dépenses annuelles tomberaient à sa charge et quelles ressources il aurait pour y faire face. Nous avons, en d'autres termes, à établir le budget de la future commune, c'est-à-dire à évaluer, comme on le fait pour l'État, d'abord ses dépenses nécessaires et ensuite ses recettes probables.

Nous avons à suivre, pour y parvenir, deux guides avec

lesquels il n'est guère possible que nous nous égarions : le premier est la loi du 18 juillet 1837, qui a dressé avec un soin minutieux la nomenclature des dépenses et des recettes des communes; le second est un excellent travail émané de l'administration municipale de Meu 'n elle-même. C'est un rapport qui a été imprimé, et qui certainement méritait bien cet honneur, sur la situation financière de la commune, rapport fait, au nom de la commission des comptes et budgets, par M. Lefort, membre du conseil municipal. Dans ce rapport sont présentées en regard les recettes et les dépenses de la commune de Meudon pour les années 1862, 1863 et 1864; et, comme on peut supposer qu'elles sont proportionnelles au nombre des habitants, la population de Bellevue étant le tiers de celle de Meudon, les dépenses et les recettes de la future commune peuvent être, en général, évaluées au tiers des dépenses et des recettes actuelles. Mais nous allons essayer de déterminer d'une manière un peu plus précise les unes et les autres, et, en parlant d'abord des dépenses, nous ne nous occuperons que de celles que la loi (article 30) déclare obligatoires.

I. — Dépenses. (Loi du 18 juillet 1837, art. 30.)

1° Entretien de l'hôtel de ville ou du local affecté à la Mairie.

Observation. — La section de Bellevue ne possède aucun immeuble qui puisse servir de mairie. Celui qu'occupe la mairie de Meudon, rue des Princes, lui reste aux termes l'art. 6 de la loi de 1837, et aucun édifice ou immeuble, susceptible d'être affecté à cette destination, n'existant sur le nouveau territoire communal, Bellevue se trouvera sans mairie, et il lui en faudra une.

Il n'y a pas à songer pour le moment à se donner le luxe d'un hôtel de ville; il suffira d'installer modestement la mairie dans une maison convenable. Il en existe une dans l'avenue de Meudon, précisément en face de l'église, qui semble avoir été construite tout exprès pour servir de mairie; c'est la maison appartenant M. Dorliat. On y trouverait, outre une salle pour le conseil municipal et un cabinet pour le maire, une pièce pour le secrétaire qui pourrait, ainsi que le sergent de ville, habiter l'étage supérieur. Le prix de location de cet immeuble serait de 2,000 francs. Mais M. Dorliat a pris l'engagement écrit de céder son immeuble à la future commune moyennant 40,000 francs, avec la faculté de ne payer que par fractions annuelles de 2,000 francs. Nous comptons provisoirement ici pour le loyer du local affecté à la mairie. .

fr.   c.

	fr.	c.
Loyer du local affecté à la mairie	2,000	»

2° Frais de bureau et d'impression.

Observation. — Ces frais se composent des dépenses suivantes (1) :

	fr.	c.
Appointements du secrétaire . . 1,200 »		
Gages du concierge, garçon de bureau, sergent de ville. . . . . . 900 »	2,600	»
Frais de bureau. . . . . 500 »		
3° Abonnement au *Bulletin des Lois*.	6	»
4° Frais de recensement de la population, soit 50 fr. tous les cinq ans, par an	10	»
5° Registres de l'état civil.	25	»
6° Receveur municipal, préposé de l'octroi, frais de perception.	1,500	»
7° Garde champêtre	Néant.	
A reporter.	6,141	»

(1) Le personnel de la mairie de Meudon a coûté en 1864 . . . . 5,383 »
L'entretien de la maison commune 964 60
Les frais de bureau. 579 08
Le chauffage et l'éclairage. . . . . . . 251 »

    7,177 68

		fr.	c.
Report.		6,141	»
8° Commissaire de police		Néant.	
9° Pensions des employés municipaux. . . .		Néant.	
10° Justice de paix.		Néant.	
11° Garde nationale (pompiers).		40	»
12° Instruction publique.		1,000	»

Observation. — La commune de Meudon, comme on l'a vu, paye 800 fr. pour le traitement et le logement de l'institutrice de Bellevue, et donne de plus 200 fr. pour la fondation des écoles. Ces charges incomberaient à la nouvelle commune. (V. ci-dessus ce qui est relatif aux écoles.)

13° Logement du curé. (V. ci-dessus ce qui est relatif au culte.)	Ordre.	
14° Secours à la fabrique	Néant.	
15° Enfants abandonnés.	Néant.	
16° Réparations aux édifices communaux (V. ci-dessus n° 1.).	Néant.	
17° Clôture et entretien du cimetière.	300	»
18° Frais de plans d'alignement.	100	»
19° Conseils de prud'hommes.	Néant.	
20° Contributions	200	»
21° Acquittement des dettes exigibles.	Néant.	
22° Cantonnier.	900	»
23° Enlèvement des boues.	500	»
24° Entretien des chemins (1)	1,000	»
Total.	10,281	»
En nombre rond. . . .	12,000	»

(1) Les deux principaux, la route de Vaugirard et celle des Gardes, qui traversent tout Bellevue, sont à la charge de l'État ou du département.

Ainsi, il semble possible de faire marcher une aussi petite commune que le serait celle de Bellevue avec une dépense d'environ 12,000 fr.

Disons ici que les dépenses ordinaires de Meudon se sont élevées

En 1862, à.	38,301 88
En 1863, à.	40,678 30
En 1864, à.	46,881 45
Total. . .	125,861 63
Dont le tiers est.	41,953 87
La dépense annuelle de Meudon est donc en moyenne d'environ	42,000 »

L'évaluation qui précède donne un peu moins du tiers de cette somme pour les dépenses de la future commune.

On peut donc supposer que la séparation aurait pour effet d'alléger environ d'un tiers les dépenses de Meudon, et les recettes devant se partager dans la même proportion, il reste à voir ce que donnerait à Bellevue le tiers des recettes ordinaires de Meudon.

Nous allons prendre encore ici pour base les recettes des communes, telles qu'elles sont énumérées dans la loi du 18 juillet 1837, en évaluant chacune de ces recettes pour Bellevue au tiers de ce que chaque article a rapporté à Meudon dans l'année 1864.

II. — Recettes (loi du 18 juillet 1837, art. 35).

1° Revenus des biens dont les habitants n'ont pas la jouissance en nature.

	fr.	c.
1. Immeubles : maison au Bas-Meudon, etc.	»	
2. Rentes. — La commune de Meudon a 1,472 fr. de rente, dont 1/3	490	
A reporter.	490	

	fr.	c.
Report.	490	»

3. Fonds placés au Trésor : ils ont produit, en 1864, pour intérêts, 1,339 fr. 82 c., ce qui, à 2 1/2 p. 0/0, supposo un capital d'environ 52,000 fr., dont le tiers, soit 17,000 fr., produirait, à 2 1/2, environ **425 »**

2° Cotisations annuelles pour fruits en nature **» »**

3° Centimes ordinaires : 5 centimes addition-tionnels produisent à Meudon 2,636 fr. 65 c., dont 1/3. . . . . **527 35**

4ᵉ Attribution sur les patentes : pour Meudon, 1,307 fr. 38 c., dont 1/3. . . . . **435 46**

Attribution sur permis de chasse, 390 fr., dont 1/3. . . . . **130 »**

Taxe des chiens, 1,884 fr., dont 1/3. . . . **628 »**

5° Octrois municipaux (augmentés en 1865) : pour Meudon, 22,657 fr. 38 c., dont 1/3. . . . . **7,552 59**

6° Droits de voirie, 1,191 fr. 66 c., dont 1/3 **397 22**

7° Permis de stationnement sur la voie publique, ports et rivières et autres lieux publics : port du Bas-Meudon (tout pour Bellevue). **1,010 49**

8° Péages communaux, droits de pesage, mesurage et jaugeage . . . . **Néant.**

9° Concessions dans les cimetières, 4,903 fr. 10 c., dont 1/3. . . . . **1,634 33**

10° Concessions d'eau, d'enlèvement des boues, etc.. . . . . **Néant.**

11° Produit des expéditions d'actes de l'état civil, 26 fr. 10 c., dont 1/3. . . . . **8 70**

12° Portion dans le produit des amendes, 191 fr. 26 c., dont 1/3.. . . . . **63 75**

A reporter. **13,302 89**

fr.   c

Report. 13,302 89

Imposition extraordinaire pour l'instruction primaire. . . . . }
Rétribution scolaire des garçons, des filles, de l'Asile. . . . . } Néant.

Observation. — Ces deux articles figurent au budget de Meudon pour une somme de douze à treize cents francs : nous ignorons pour quel chiffre, probablement fort minime, y entre la petite école de Bellevue; mais, par les raisons exposées au paragraphe des Écoles, nous n'avons pas à tenir compte de ce produit.

Prestations en nature, 7,137 fr., dont 1/3. . .   2,379 »

15,681 89

En prenant maintenant en bloc les recettes ordinaires de la commune de Meudon, comme nous l'avons fait pour les dépenses, nous verrons qu'elles ont été :

En 1862, de	48,317 f. 67 c.
En 1863, de	51,669 90
En 1864, de	57,106 60
Total.	157,094 f. 17 c.
dont le tiers est.	52,364 72

Les recettes annuelles de Meudon s'élèvent donc en moyenne à environ 52,000 francs, dont le tiers pour Bellevue serait d'environ 16,000 francs, somme supérieure, de près d'un quart, aux dépenses, d'environ 12,000 francs, que la nouvelle commune aurait à supporter, excédant qui permettrait peut-être bientôt, grâce à l'augmentation probable des revenus ordinaires, de supprimer les octrois.

Sans doute, quelques-uns de ces chiffres peuvent être sujets à discussion: car il y a toujours, dans les appréciations budgétaires, quelque chose d'éventuel. Toutefois, nous rappelons ici que nous avons pris pour base un document dont l'exactitude ne saurait être révoquée en doute, et qui, émané du Conseil municipal de Meudon, présente un caractère officiel. En évaluant les dépenses et les recettes de la future commune *au tiers* de celles de Meudon, il reste, entre 12,000 francs de dépense et 10,000 francs de recette probable, une marge suffisante pour couvrir les erreurs qui pourraient avoir été commises.

Nous voici enfin au terme du travail que nous nous étions imposé, et, après avoir démontré, nous le pensons, que Bellevue peut, sans inconvénients, être administrativement séparé de Meudon, pour, désormais, vivre de sa vie propre, nous avons à nous demander quelles objections plausibles on opposerait au légitime désir que manifestent ses habi‑tants de voir leur section de commune érigée en commune distincte.

Nous devons certainement nous attendre à une vive opposition de la part de Meudon : la conduite regrettable de l'administration municipale de cette commune, soit lors de la création de la paroisse de Bellevue, soit lors de l'agrandissement de l'église, ne fait que trop présager celle que, dans cette dernière épreuve, il est à craindre qu'elle ne tienne. Et pourtant les habitants de Bellevue ne font qu'user d'un droit qui ne saurait leur être contesté, en exprimant, avec toute la mesure et tous les ménagements possibles, le désir qu'ils ont d'administrer eux-mêmes leurs communs intérêts, qui sont aujourd'hui tout autres que ceux de Meudon. Les circonstances qui ont amené la création de Belle-vue, l'extension qu'il a prise, sa situation privilégiée qui en fait tout à la fois le lieu de villégiature le plus commode et le plus agréable des environs de Paris, tout enfin rend la séparation demandée nécessaire, et, quand elle sera accomplie, Bellevue pourra faire, dans l'intérêt de sa prospérité, ce qu'il est impossible que Meudon, le voulût-il, fasse jamais.

Demandera-t-on aux habitants de Bellevue d'où leur vient cette pensée de sécession, et quels avantages ils en espèrent? Ils répondront qu'il est naturel qu'un enfant, quand il a grandi et qu'il est devenu homme, quitte le giron paternel pour former un établissement à part, vivre à sa guise et conduire lui-même ses propres affaires. Aussi la formation de nouvelles communes est-elle l'un des faits administratifs les plus ordinaires, et les conditions en sont déterminées par la loi du 18 juillet 1837. Tout récemment encore, une loi du 30 juin 1866 à créé la commune de Levallois-Perret aux dépens des communes de Clichy et de Neuilly.

Sans vouloir récriminer, il est pourtant certain que la situation excentrique de Bellevue, ne permettant pas sans doute à l'administration municipale d'y exercer une surveillance suffisante, Bellevue est un peu délaissé par elle, et que les dégats causés dans ses rues en pente par les pluies torrentielles, y sont rarement réparés par d'autres que par les riverains eux-mêmes. Sous prétexte que ces rues sont la propriété de la famille Guillaume, dont le chef est l'auteur du morcellement de l'ancien domaine royal, question qui devrait être depuis longtemps résolue, et dont personne à Meudon ne se soucie et ne s'occupe, on laisse les voies publiques dans un état affligeant. Une simple distraction municipale (nous aimons à le croire), n'a-t-elle point failli tout récemment encore autoriser l'établissement, au centre même de Bellevue, d'un de ces bals publics comme il en existe dans les lieux les plus mal fréquentés des environs de Paris ! Enfin, il est impossible de méconnaitre que l'administration municipale réserve sa sollicitude pour l'agglomération meudonnaise qui est sous sa main. Bellevue et ses annexes, par leur éloignement du siége de l'administra-

tion, échappent à sa surveillance, et cet inconvénient est
de nature à se faire sentir surtout dans les épidémies du
genre de celle qui a si cruellement frappé le Bas-Meudon,
en ne permettant pas de faire parvenir, aussi promptement
qu'il le faudrait, aux localités atteintes par le fléau, les secours de la bienfaisance publique.

Tels sont les motifs de Bellevue pour demander à être
administrativement séparé de Meudon : par la force des
choses, par l'effet même de la situation excentrique de
Bellevue, Meudon a été naturellement amené à se préoccu-
per moins des intérêts de Bellevue que des siens propres.
Il est résulté de là que Bellevue a été trop négligé, trop
sacrifié, et que ses ressources ont été de préférence em-
ployées dans l'intérêt de Meudon.

Et c'est même là l'objection qu'on ne manquera pas de
faire : on dira que Bellevue est nécessaire à l'existence
de Meudon et que les deux localités ne sauraient être sé-
parées l'une de l'autre sans qu'il en résulte pour Meudon
de grands embarras et un grave préjudice. Il y aurait d'abord
à répondre que Meudon, qui a vécu de longs siècles sans
Bellevue, pourra très-bien encore vivre sans lui dans l'ave-
nir. Ensuite, à supposer le fait exact, il serait souveraine-
ment injuste que, de deux agrégations voisines d'habitants,
l'une fût tenue à perpétuité de fournir l'appoint qui man-
querait aux insuffisantes ressources de l'autre. Mais il y a
beaucoup d'exagération dans l'assertion qui sert de base à
l'objection. Si la séparation doit diminuer les revenus de
Meudon, elle en diminuera aussi les charges, sinon dans
une proportion parfaitement exacte, du moins de manière
à ne pas altérer sensiblement l'équilibre de son budget.

Nous signalons, en terminant, un inconvénient qui n'est
imputable qu'à la vicieuse division territoriale : les lettres
mises à la poste à Bellevue, qui n'a qu'une simple boîte

3

sont portées à Meudon pour être de là reportées au chemin de fer ; et, d'un autre côté, celles à destination de Bellevue sont d'abord portées à Meudon, pour être reportées à Bellevue, qui perd ainsi l'avantage qu'il a d'être en quelque sorte à cheval sur le chemin de fer : érigé en commune, il obtiendrait facilement un bureau de poste, comme il a déjà, grâce à sa situation, la station télégraphique.

Bellevue, enfin, qui compte au delà d'un siècle d'existence, est plus que majeur, et il est temps de l'affranchir d'une tutelle de plus en plus compromettante. Toutes les conditions de l'existence communale, il les remplit ; tous les sacrifices que la sécession peut exiger d'eux, ses habitants sont prêts à les faire, et ils demandent qu'on les mette à même de marcher librement dans la voie de prospérité que la création du chemin de fer a ouverte au charmant pays qu'il traverse.

A. CARETTE, ancien avocat au Conseil d'État et à la Cour de cassation ;

RENARD, Notaire à Paris ;

LÉVÈQUE, Membre de l'Institut, Professeur au Collége de France ;

MARCHAL DE CALVI, Docteur-Médecin ;

BOZÉRIAN, Avocat au Conseil d'État et à la Cour de Cassation, membre du Conseil général de Loir-et-Cher ;

DUCHÉ, ancien Négociant ;

COLMET DE SANTERRE, Professeur à la Faculté de Droit de Paris ;

DELACROIX-FROUST ;

ARCHAMBAULT-GUYOT, Avoué au Tribunal de la Seine ;

LEROY-DUPRÉ, Médecin en chef de l'Établissement hydrothérapique ;

Henry **DUPONT.**

LISTE DES ADHÉRENTS

ONT SIGNÉ COMME SUIT :

MM.

MOURIER, chef de division au ministère de l'instruction publique.	rés. à bail.
RENARD, notaire à Paris . . .	propriét.
CARETTE (A.), ancien avocat au Conseil d'État et à la Cour de cassation	propriét.
DUCHÉ, ancien négociant . . .	propriét.
DE BUSSIÈRES (le baron Edmond)	propriét.
BOZÉRIAN (J.), avocat au Conseil d'État et à la Cour de cassation, membre du Conseil général de Loir-et-Cher. . . .	rés. à bail.
DELACROIX-FROUST (A.-G.). .	propriét.
DUPONT (H.)	propriét.
BELVILLE	propriét.
PITOU (A.).	propriét.
MARQUET	résident.
PRÉVOST (P.)	propriét.
LOMBARD, docteur-médecin . .	propriét.
SPIRAL	propriét.
FOUMAROU (A.)	propriét.
LEMÉNIL	propriét.
ROULLAND	propriét.
DUCHÉ (veuve).	propriét.
PASQUIER (A.).	propriét.
DE SAINT-VALLIER (la marquise)	rés. à bail.
MALLET (P.)	propriét.
LEPELLETIER (E.)	propriét.
FORAS (H.), horticulteur . . .	propriét.
MONVOISIN (veuve).	propriét.
DELHOMME (Al.)	propriét.
VINCENDON (E.)	propriét.
RENARD (P.)	propriét.
VAFFLARD (Léon)	propriét.
BROCHARD (veuve)	propriét.

MM.

WULVERICK (D.).	rés. à bail.
MARCHAL DE CALVI, doct.-méd.	propriét.
LEMERCIER (J.)	rés. à bail.
HUSSON (veuve)	propriét.
DELION (C.)	propriét.
BÉCHET jeune (F.)	propriét.
DE GANNE (veuve)	propriét.
BACHOUX, horticulteur . . .	propriét.
LOUIS (veuve)	propriét.
MATHIEU	propriét.
CASADAVANT (Ad.)	propriét.
LANDRY, entrepren. de serrurerie	propriét.
MASSELIN	propriét.
GROUSSIN, docteur-médecin . .	propriét.
FERDEREAU	propriét.
MARAIS, entrepr. de menuiserie.	propriét.
JOURDE	propriét.
CHÉRON	propriét.
LUER (A.)	propriét.
SOURDEVAL	propriét.
BURCKARD (veuve)	propriét.
RICHARD, artiste-peintre . . .	propriét.
LEFÈVRE, horticulteur. . . .	propriét.
BELVILLE fils..	propriét.
BOUZIAT père	propriét.
BOUZIAT (P.), cultivateur . . .	propriét.
CHÉRON (veuve)	propriét.
DELCLOQUE (veuve)	propriét.
GONET (Ch.).	propriét.!
DUCREUX	propriét.
DE PRÉMARAY, homme de lettres	rés. à bail.
DESCHAMPS fils, négociant. . .	propriét.
PENNANANCH (Ed.)	propriét.
REVEIL	rés. à bail.
SAUNOIS, md. de bois et charbon.	rés. à bail.

DUVAL (Ach.), avocat . . . . *rés. à bail.*
DORLIAT, entrepreneur. . . . *propriét.*
CHAUVIN (Victor), rédacteur en chef de la *Revue de l'instruction publique* . . . . *résident.*
MARIÉ (M.). . . . . *propriét.*
BORDIER (M.). . . . . . . *propriét.*
GOBLEY (Th.), membre de l'Académie de médecine. . . . . *rés. à bail.*
PICARD (M.), marchand boucher. *propriét.*
DUVAL . . . . *rés. à bail.*
SIMON . . . . *rés. à bail.*
DUPRAT, restaurateur . . . . *rés. à bail.*
DIEUDONNÉ (A.), boulanger . . *rés. à bail.*
BORGES, entrepreneur . . . . *rés. à bail.*
GUILLERME . . . . *propriét.*
GRASSET (Mme) . . . . . . *propriét.*
AUGUSTINE (Mlle), fruitière . . *rés. à bail.*
COURVOISIER, restaurateur . . *propriét.*
CHEVALIER (J.-B.), associé d'agent de change . . . . . . *rés. à bail.*
CHEVALLIER, tapissier . . . . *rés. à bail.*
DARESTE père . . . . . . *propriét.*
GAUTIER (Henri). . . . . . *propriét.*
TOULOUSE, md. de vin en gros . *rés. à bail.*
MARCHI (S). . . . . *propriét.*
ROYNEL, chaudronnier. . . . *rés. à bail.*
STOCK (Ed.) . . . . *propriét.*
BERTHIER . . . . *propriét.*
GEOFFROY (Em.). . . . . . *propriét.*
HÉMARD . . . . *propriét.*
SIMON (Ch.) . . . . *rés. à bail.*
LANDRY fils . . . . *propriét.*
CAMBEFORT, cordonnier . . . *résident.*
FÉRÉ, rentier . . . . *rés. à bail.*
LEROY-DUPRÉ (A.-H.), doct.-médecin, directeur de l'établissement hydrothérapique . . . *propriét.*
PAYEN, entrep. de serrurerie. . *rés. à bail.*
DEROY (A.). . . . . *rés. à bail.*
HOUVET, restaurateur . . . . *rés. à bail.*
DUPRAT DE MÉZAILLES . . . *rés. à bail.*
RENOUX, entrep. de menuiserie . *propriét.*
TROCHER, cultivateur . . . . *propriét.*
MARTIN (veuve), bureau de tabac. *rés. à bail.*
RENARD (A.), bois et ch. en gros. *propriét.*
SARTRE, négociant . . . . . *rés. à bail.*
SARTRE (A.), associé . . . . *rés. à bail.*
GÉNICOU (veuve). . . . . . *propriét.*
PUTIOT. . . . . *rés. à bail.*

GALLAY (J.) . . . . *propriét.*
FARIS, entrepreneur de peinture. *rés. à bail*
RICHARD fils, employé au minist. de la guerre . . . . *propriét.*
BLUM (L.), négociant . . . . *rés. à bail.*
TISSERAND, maître cordonnier. *résident.*
GACHE . . . . *propriét.*
LÉVÊQUE (Ch.), membre de l'Institut . . . . *rés. à bail.*
JANICOT, boucher. . . . . . *rés. à bail.*
RICHOMME, entrep. de peinture. *propriét.*
DE VESVRES (veuve H.). . . *propriét.*
CHEVILLON. . . . . *propriét.*
MAURICE, chef de gare . . . . *résident.*
CINTRAT, crémier . . . . . *rés. à bail.*
DROUET (veuve) . . . . . . *résidente.*
MARGAND (C.). . . . . . . *propriét.*
SAUSSEZ (H.), pâtissier-glacier. . *résident.*
VILLEMONT-LATRON (veuve). . *rés. à bail.*
VILLEMONT. . . . . *résident.*
LAPORTE. . . . . *propriét.*
CRAUX. . . . . *propriét.*
OBEUF (veuve). . . . . . . *propriét.*
CARABIN. . . . . *résident.*
DAMOUR. . . . . *propriét.*
VÉRY, bitumier. . . . . . . *résident.*
COLMET DE SANTERRE (E.), professeur à la Faculté de droit. *rés. à bail.*
BAYARD (L.). . . . . *rés. à bail.*
JOURDE (veuve). . . . . . . *propriét.*
BRESCON (veuve). . . . . . *propriét.*
DEVILLE, avocat. . . . . . *propriét.*
CASADAVANT (veuve). . . . . *propriét.*
LEMARCHAND (L.-E). . . . . *rés. à bail.*
COLLIÈRE. . . . . *rés. à bail*
DE LONGUEIL. . . . . . . *propriét.*
BLATGÉ (P.), boucher . . . . *rés. à bail.*
CONTESENNE (François). . . . *propriét.*
D'HALLUT . . . . *rés. à bail*
DAVID (E.), cultivateur. . . . *propriét.*
JECKER. . . . . *résident.*
ROBERT-HARIMOND (veuve). . *résidente.*
SCHACHER. . . . . *propriét.*
MATHIEU (Charles) . . . . . *rés. à bail*
PECQUET (H.). . . . . . . *propriét*
ARCHAMBAULT-GUYOT, avoué. *résident.*
JARRY, nourrisseur. . . . . . *résident.*
D'HUBERT. . . . . *rés. à bail*
JEANRENAUD. . . . . *résident.*
THOMAS (Baptiste) . . . . . *propriét.*

THOMAS (Eugène) . . . . *propriét.*
VISSOUD. . . . . *propriét.*
DUBUISSON (J.) . . . . *résident.*
MORIN (F.), cultivateur. . . . *propriét.*
PRÉVOST, artiste-peintre . . . *propriét.*
DALLIGNY (veuve). . . . . . *propriét.*
DURET (veuve). . . . . . . *résidente.*
PERCHERON. . . . . *résident.*
CONTESENNE (Narc.), café-restaurant. . . . . . . *résident.*
VEILLEUX (J.) . . . . . . *propriét.*
SAULNIER, cultivateur . . . . *résident.*
HONORÉ (veuve C.). . . . . *propriét.*
MESLIER (Paul). . . . . . *propriét.*
MÉLIN. . . . . *résident.*
BALLIMON. . . . . *propriét.*
MAGNIER (L.). . . . . . . *rés. à bail.*
GRÉBERT (A.). . . . . . . *résident.*
TRONCIN (veuve). . . . . . *propriét.*
BOUZIAT, peintre en bâtiments . *résident.*
LAVILLE, docteur-médecin . . *propriét.*
DELOM. . . . . *propriét.*
MAXEIN . . . . *rés. à bail.*
DARCHE (V.), gendre de M. Davesne, décédé. . . . . . . *propriét.*
CHEVALIER (H.). . . . . . *résident.*
DOLLY (S.). . . . . . . *résident.*
VIVENOT (veuve). . . . . . *rés. à bail.*
LEFÈVRE-MAHON. . . . . . *rés. à bail.*
FLAMANT, tonnelier. . . . . *résident.*
JACQUET, facteur chef à la gare. *résident.*
SUINOT (veuve), mde de vins. . *résidente.*
PINCHON. . . . . *rés. à bail.*
LARDENOIS, traiteur . . . . *résident.*
PLACET (veuve), épicière. . . *résidente.*
LEROUGE, marchand de charbon. *résident.*
JANICOT fils. . . . . . . *résident.*

CONTESENNE (Tintin) . . . . *propriét.*
QUATREMAIN, charcutier. . . *propriét.*
CORDIER, rentier. . . . . . *résident.*
HUGRET. . . . . *propriét.*
COISSONS, fruitier. . . . . *résident.*
LENGRÉ (L.), marchand de vins. *résident.*
LEGER fils, marchand de vins. . *résident.*
JACQUEMET (Eug.), blanchisseur. *propriét.*
LÉGÈRE (H.), entr de maçonnerie. *résident.*
LÉGÈRE (veuve) . . . . . . *propriét.*
LONG, coiffeur. . . . . . . *résident.*
LEFRIER père, tailleur . . . *résident.*
BOUILLE. . . . . *propriét.*
CONTESENNE (Marengo) . . . *propriét.*
CONTESENNE (L.), blanchisseur. *résident.*
TESTON (L.), boulanger. . . . *résident.*
DUPONT (H.) fils. . . . . . *propriét.*
DESLANDES (A.) . . . . . . *propriét.*
DUCHENOUX (Ch.) . . . . . *propriét.*
SÉVILLOT (Ch.) . . . . . . *résident.*
VALOIS (Paul), avocat. . . . *propriét.*
TIMBAL . . . . *propriét.*
FÉBURIER . . . . *propriét.*
POULLAIN (G.). . . . . . . *propriét.*
LANGLOIS (Ch.) . . . . . . *propriét.*
THUILER . . . . *propriét.*
THIÉBAULT, march. de poissons. *résident.*
HOUETTE (G.). . . . . . . *propriét.*
BLOMET (F.) . . . . *propriét.*
DUTFOY (A.) . . . . *propriét.*
RENAUDOT. . . . . *propriét.*
DARESTE, avocat au Conseil d'état et à la Cour de cassation. . . *propriét.*
BARDON (E..) . . . . *propriét.*
DUPONT (L), avoué. . . . . *résident.*
GERMER BAILLIÈRE. . . . . *résident.*

Nota. A ces *deux cent vingt-cinq* adhérents signataires, il faudrait joindre un nombre à peu près égal de personnes qui se sont seulement fait inscrire, et l'on arriverait ainsi au chiffre d'environ quatre cents adhérents, représentant quinze à seize cents habitants.

La liste originale, portant les signatures, est déposée entre les mains de Me Renard, notaire à Paris.

58. — Imprimerie parisienne de A. GUYOT et SCRIBE, impasse des Filles-Dieu, 5.